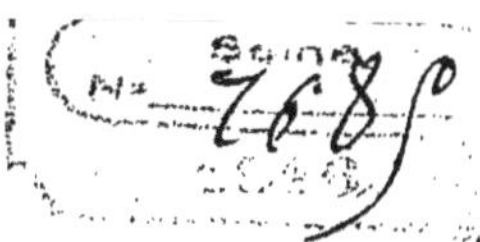

EDOUARD BINET

DOYEN DE LA FACULTÉ DE DROIT DE NANCY
MEMBRE TITULAIRE DE L'ACADÉMIE DE STANISLAS

LA
FACULTÉ DE DROIT DE NANCY
A LA VEILLE
DE LA RÉVOLUTION FRANÇAISE

Communication faite à l'Académie de Stanislas le 8 mars 1916

(Extrait des *Mémoires de l'Académie de Stanislas*, 1915-1916)

NANCY
IMPRIMERIE BERGER-LEVRAULT
18, RUE DES GLACIS, 18

1916

EDOUARD BINET

DOYEN DE LA FACULTÉ DE DROIT DE NANCY
MEMBRE TITULAIRE DE L'ACADÉMIE DE STANISLAS

LA
FACULTÉ DE DROIT DE NANCY

A LA VEILLE

DE LA RÉVOLUTION FRANÇAISE

Communication faite à l'Académie de Stanislas le 3 mars 1916

(Extrait des *Mémoires de l'Académie de Stanislas*, 1915-1916)

NANCY

IMPRIMERIE BERGER-LEVRAULT

18, RUE DES GLACIS, 18

1916

FACULTÉ DE DROIT DE NANCY

A LA VEILLE

DE LA RÉVOLUTION FRANÇAISE

———

Un descendant de M. Guillaume de Rogéville, conseiller au Parlement de Lorraine, ayant trouvé dans les papiers de son bisaïeul des documents pouvant intéresser la Faculté de Droit de Nancy, a eu l'heureuse inspiration d'en faire hommage à celle-ci en 1913; comme doyen, je tiens tout d'abord à témoigner publiquement notre reconnaissance à notre ancien élève, M. Becker de Séholz, pour cette gracieuse attention.

Il s'agit d'un manuscrit assez volumineux, intitulé : « Copie de différents mémoires adressés par la Faculté de Droit de l'Université de Nancy à M. de Barentin, conseiller d'État, Premier Président de la Cour des Aides et Doyen d'honneur de la Faculté de Droit de Paris, et de plusieurs lettres en réponse. » Ce manuscrit contient, en effet, deux délibérations prises

par la Faculté à la date des 14 mars et 26 avril 1786,
en réponse à un questionnaire qui lui avait été adressé
le 2 mars par le Doyen d'honneur de la Faculté de
Droit de Paris, et deux autres lettres du même,
datées du 2 avril et du 15 mai suivants. Voici dans
quelles circonstances s'est échangée cette correspon-
dance. On songeait alors à élaborer un plan de réforme
pour rendre les études de droit plus utiles et une
commission avait été nommée à cet effet par le Pouvoir royal; elle se composait de docteurs d'honneur de
la Faculté de Droit de l'Université de Paris sous la
présidence du Doyen d'honneur, M. de Barentin.
Estimant qu'il y avait lieu d'élaborer un règlement
général, la commission crut devoir, en vue d'adapter
ce règlement à chaque Faculté, faire une enquête
lui permettant de connaître exactement la composi-
tion de chacune d'elles, son enseignement, ses procédés pédagogiques, ses usages particuliers. Aussi
avait-elle préparé un questionnaire assez détaillé, que
son président fut chargé d'envoyer aux diverses
Facultés de droit du royaume avec prière d'y répondre. Grâce à l'obligeante communication qui nous
a été faite, j'ai pu prendre connaissance de ce questionnaire, des réponses auxquelles il a donné lieu
de la part de la Faculté de Nancy, des objections
que cette dernière éleva contre certaines des innova-
tions qu'on lui suggérait. On y trouve assurément des
détails d'un intérêt minime, mais l'ensemble de ces
documents permet d'avoir quelques notions sur
l'état de la Faculté lorraine à la veille de la Révolution et surtout sur l'esprit qui animait alors les

membres du corps enseignant, notamment sur leurs idées au sujet de certaines réformes qu'on proposait d'apporter dans l'organisation de l'enseignement juridique. Je n'ai certes pas la prétention d'apporter par cette notice une page nouvelle à l'histoire de l'Université de Pont-à-Mousson après le travail si complet sorti de la plume de notre distingué confrère, M. l'abbé Martin, mais il m'a paru qu'on pouvait puiser dans le manuscrit qu'il m'a été donné de lire, à côté de renseignements déjà mis au jour dans l'ouvrage auquel je viens de faire allusion, quelques détails peut-être inédits d'où jaillissent quelques lumières sur la conception que les professeurs de la Faculté de Droit se faisaient alors de l'enseignement juridique. Bien que, par la force des choses, j'aie dû insérer dans cette communication quelques développements déjà donnés sur l'organisation de cette Faculté, sur l'objet de son enseignement, et d'autres points encore déjà connus par les travaux antérieurs, il m'a semblé que l'Académie me pardonnerait ces redites, si j'y ajoutais quelques particularités peut-être inconnues de ceux qui m'ont précédé et par suite de nature à compléter ce qui a déjà été publié. Ce sera une très modeste contribution à l'histoire de l'ancienne Université lorraine, une simple note consacrée à la vie de l'une de ses Facultés à l'époque où elle venait d'être transférée à Nancy.

On sait que le siège de l'Université de Pont-à-Mousson avait été transporté dans la capitale de la Lorraine en vertu de lettres patentes de Louis XV, données à Compiègne le 3 août 1768. Malgré la réunion de la province à la France, cette université, à l'instar des autres universités françaises, continuait d'ailleurs à jouir d'une autonomie très large. Ainsi avait-elle maintenu les règlements établis par les ducs de Lorraine pour son organisation et son fonctionnement. A l'époque où je me place, la Faculté de Droit affirme qu'elle suit encore ponctuellement les prescriptions de l'ordonnance de Léopold du 6 janvier 1699 qui constituait pour elle, avec quelques documents postérieurs dont je parlerai, la charte la plus récente.

Voyons donc ce qu'était notre Faculté moins de vingt ans après le transfert et pour ainsi dire à la veille de la Révolution française.

Si nous envisageons d'abord l'état du personnel enseignant de cette Faculté, nous constatons que ce personnel était des plus restreints. L'ordonnance de 1699 ne prévoyait que quatre professeurs : l'un devait enseigner le droit canon; un second, les Institutes et le Code justinien; un troisième, le Digeste; le quatrième enfin, le droit public. Nous verrons qu'à un moment donné, il y eut à Pont-à-Mousson un cinquième professeur, chargé d'enseigner le droit municipal et coutumier. En fait, il n'y avait plus à Nancy, en 1786, que trois professeurs titulaires : MM. Dumas, Guillaume et Schouller. Le premier était investi des fonctions de Doyen, et même avait l'honneur d'être le Recteur de l'Université. Ce dernier titre lui avait été conféré d'office par l'édit royal qui avait ordonné le transfert à Nancy de l'Université de Pont-à-Mousson, ainsi que nous l'apprend, du reste, M. l'abbé Martin, dans son livre sur « l'Université de Pont-à-Mousson » (p. 149), et comme le rappelle aussi notre vénéré confrère, M. le professeur Albert Collignon, dans le travail intéressant qu'il a publié dans le *Pays Lorrain* (juillet 1914, p. 418) sur « les premiers Recteurs de l'Académie de Nancy ». Il est à noter d'ailleurs que cette nomination directe avait un caractère exceptionnel, les lettres du Roi ayant décidé que le rectorat serait désormais électif comme dans les autres universités de France.

Les trois professeurs qui, à Nancy, se partageaient l'enseignement du droit, étaient cantonnés dans l'étude du droit canon et du droit romain, qu'on appelait alors, par opposition au premier, le droit civil. Il est remarquable que la législation contemporaine n'avait alors dans la Faculté aucun représentant attitré. L'article 17 de l'ordonnance de 1699 recommandait toutefois aux professeurs de droit civil de faire remarquer aux étudiants « ce qui se trouvera abrogé, tant par les coutumes de nos pays, que par les ordonnances de nos prédécesseurs ducs et les nôtres ».

Le même article de l'ordonnance décidait qu'il serait créé une quatrième chaire, consacrée au droit public, dans laquelle le professeur devait traiter « tant des droits souverains et régaliens, droits de la guerre et de la paix, que des fiefs et autres ». Cette chaire fut, en effet, établie par une déclaration du 15 décembre 1706, dans le but, disait le duc Léopold, « de faire fleurir la Faculté de Droit pour l'instruction de nos sujets et pour étendre sa réputation dans les pays étrangers ». Bien que faisant partie du corps de la Faculté, ayant rang et séance, jouissant des mêmes droits honorifiques que ses collègues, le professeur de droit public n'assistait pas aux examens, pouvait disputer aux thèses, sans les présider, sauf dans le cas où de ses auditeurs voulaient soutenir des thèses sur les matières qu'il avait enseignées. D'ailleurs, ses leçons n'étaient pas obligatoires pour les étudiants et nul n'était contraint de soutenir une thèse sur la matière de cet enseignement. Quoi qu'il en soit, les délibérations de 1786 affirment que le cours de droit public avait été d'abord fort suivi à Pont-à-Mousson à raison de la présence de nombreux étrangers, notamment de barons allemands, curieux de s'instruire dans cet ordre d'études, mais à la longue avait fini par être déserté, les étrangers ayant cessé de fréquenter l'Université lorraine, et les indigènes ne manifestant pas d'enthousiasme pour cette branche du droit. Ainsi, atteste le manuscrit cité, le dernier professeur, décédé vingt-cinq ans auparavant (avant 1786), avait eu l'amertume de se présenter plusieurs années de suite, à la rentrée des écoles, sans trouver d'auditeurs. Triste fin pour un maître! On comprend qu'après sa mort (la délibération que j'ai eue sous les yeux ne dévoile pas son nom) on n'ait pas songé à pourvoir à son remplacement, bien que la chaire n'ait jamais été officiellement supprimée. Elle ne fut pas rétablie de fait à Nancy après le transfert de l'Université.

Les professeurs titulaires ne composaient point à eux seuls tout le corps enseignant : ils avaient des auxiliaires. Par un édit du 12 novembre 1720, le duc

Léopold avait adjoint aux professeurs deux docteurs agrégés qui devaient les suppléer dans les leçons
publiques en cas d'absence, maladie ou autres empê-
chements et remplacer provisoirement le titulaire
décédé ou retiré dans la chaire vacante jusqu'à la
nomination d'un successeur. Auparavant, la néces-
sité où étaient les professeurs de se suppléer les uns
les autres avait parfois, dit la Faculté, amené du
chômage dans le service. De plus, les agrégés étaient
tenus d'assister à toutes les « disputes publiques »
(thèses) des étudiants aux degrés de baccalauréat,
licence et doctorat, « d'y argumenter, d'y proposer
au moins quatre arguments »; ils devaient aussi assister avec les professeurs aux examens de tous les
étudiants, sauf de ceux auxquels ils avaient donné
des leçons particulières; ils avaient voix délibérative
au sein de la Faculté à la suite des épreuves, mais les
suffrages des professeurs devant prévaloir au cas de
partage en nombre égal de professeurs et d'agrégés.
En 1786, les deux agrégés à la Faculté de Nancy
étaient MM. Dumas fils et Breton de la Cour. Bref,
le corps enseignant ne comportait que cinq maîtres.

Quant à la rémunération attribuée aux professeurs
et agrégés, elle se composait, en général, de deux
éléments : un traitement fixe assez modique et un
casuel qui était payé par les étudiants. Les appointements fixes annuels, qui étaient soldés par le rece-
veur des Domaines et Bois, étaient en 1786 : pour le
doyen, de 250 livres (cours de Lorraine), ce qui ne
faisait que 193 livres 10 sols 11 deniers au cours du
Royaume; pour les professeurs, 200 livres, soit au cours

de France 154 livres 16 sols 9 deniers; pour les agrégés, 100 livres, ce qui faisait en France 77 livres 4 sols 4 deniers. Ces appointements étaient même diminués par la retenue des vingtièmes, soit 4 sols par livre, et des droits de quittance. Jadis, une situation différente était faite au professeur de droit public, mais nous savons que cet enseignement avait disparu en fait avant le transfert de l'Université à Nancy; ce professeur recevait une pension fixe de 2.000 livres, mais ne bénéficiait d'aucun émolument éventuel, ses leçons n'étant pas obligatoires, nous l'avons vu, pour les étudiants.

A côté du traitement fixe assez minime que recevaient les cinq professeurs et agrégés de la Faculté de Nancy, ils avaient une autre source de revenus plus notables : elle consistait dans une rétribution que devaient payer les étudiants au moment de chaque inscription, c'est-à-dire quatre fois par an. A l'époque où nous nous plaçons, le casuel des professeurs était encore régi par le tarif arrêté en Faculté le 1er janvier 1684 et confirmé par l'ordonnance du 6 janvier 1699 (1). De leur côté, les agrégés recevaient 15 sols

---

(1) Texte du Règlement (art. 1) : « Pour donner moyen aux professeurs de recevoir partie des émoluments de leurs chaires plus promptement et commodément, ordonnons que la moitié des droits qui doivent être payés pour les degrez publics de baccalauréat et de licence dans ladite Faculté, sera distribuée également pour chaque matricule ou suscription qui seront faites sur les registres de ladite Faculté pendant les deux années d'études, et qu'en conséquence du paiement qui sera fait par tous les étudiants pour chacune desdites inscriptions, pareille somme leur sera déduite, moitié sur les droits du degré de bachelier, moitié sur les droits du degré de licence, lorsqu'ils

par inscription, soit 3 livres annuellement de chaque
étudiant; ils avaient, en outre, 20 sols pour leur
assistance à chaque examen et autant pour chaque
soutenance de thèse, au total, 5 livres par an de
chaque étudiant (art. 6 et 7 de l'édit du 12 novembre 1720).

Les agrégés, comme les professeurs d'ailleurs,
étaient autorisés à donner des leçons particulières
aux étudiants (art. 3 du même édit). C'était un
moyen d'ajouter à leurs revenus. Il paraît qu'en
fait, les professeurs, suffisamment occupés par leur
enseignement public, n'usaient pas de ce droit; une
des délibérations de 1786 dit même, à l'éloge de ceux-
ci, qu'ils voulaient, en renonçant à cette sorte de
profits, donner aux agrégés une compensation à la
modicité de leurs émoluments. D'après ce même
document, le droit de donner des répétitions particulières constituait un monopole; cette faculté était
interdite aux docteurs non agrégés; mais s'il arriva
parfois, fait, paraît-il, assez rare, que la règle fût

---

prendront lesdits degrés, conformément au présent tarif, que
nous voulons être exposé dans la salle publique de ladite
Faculté :

Pour les attestations de la 1re année d'étude au
baccalauréat. . . . .   6 livres
   Pour l'examen au baccalauréat . . . .   16 —
   Pour le degré de bachelier . . . .   58 —
   Pour les attestations de la 2e année d'étude à la
licence. . . . .   6 —
   Pour l'examen au degré de licence. . . . . . .   16 —
   Pour le degré de licence. . . . .   48 —
   Pour le degré de docteur, tous droits y compris .   150 —
Les inscriptions seront déduites sur lesdits droits, à raison
de 9 liv. 7 s. 6 d. chacune.

enfreinte, jamais la Faculté ne crut devoir inquiéter les contrevenants qui vaquaient à cette occupation plus ingrate que lucrative sans doute.

Nous ne sommes pas renseignés par le manuscrit qui sert de base à cette étude, sur le nombre des étudiants qui fréquentaient alors la Faculté de Droit, car les délibérations adressées au doyen d'honneur de la Faculté de Paris se contentent de parler en termes assez vagues d'une centaine de degrés conférés annuellement à l'époque dont s'agit. On peut consulter, à cet égard, une statistique intéressante publiée dans l'*Annuaire de la Meurthe* de Henri Lepage (année 1865, p. 32 à 40), lors du rétablissement de la Faculté de Droit à Nancy. Nous relevons spécialement pour 1786 les chiffres suivants : 60 aspirants au baccalauréat, 69 à la licence, 1 au doctorat, par conséquent, un nombre d'étudiants qui dépassait la centaine, et le chiffre semble avoir été sensiblement le même au cours des années précédentes. La Faculté, dans sa réponse à M. de Barentin, n'était sans doute point portée à grossir le chiffre des inscriptions et des épreuves par cette bonne raison que, considérant les revenus des professeurs et agrégés comme trop modiques, elle désirait voir substituer un mode de rémunération plus avantageux à celui dont ces maîtres jouissaient : « Monsieur le Doyen voudra bien faire attention, disait-elle, que la Faculté de Nancy fait les mêmes fonctions que les autres Facultés du royaume, qu'elle les remplit exactement et qu'il serait juste qu'elle eût les mêmes appointements. »

Le recrutement du corps enseignant se faisait par

voie de concours. L'article 18 de l'ordonnance de
1699 décidait, en effet, que, pour l'avenir, il ne
pourrait être pourvu aux chaires vacantes « que par
la voye de la Dispute et du Concours, à charge par
l'élu d'obtenir de nous lettres de confirmation, nous
réservant toutefois de nommer toujours le Doyen de
la Faculté ». Le même procédé de sélection était
employé pour la désignation des agrégés ; à l'origine,
il avait été pourvu à ces offices d'agrégés par actes
du souverain, mais l'ordonnance de 1720 décidait
qu'à l'avenir, en cas de vacance, il y aurait lieu
d'établir un concours, après lequel la Faculté pré-
senterait les noms des trois plus dignes sujets au
souverain qui désignerait celui des candidats présentés qu'il lui plairait de choisir.

Cet état de choses provoqua des observations judi-
cieuses de la part de la Faculté dans ses délibérations de 1786. Tout en reconnaissant que l'idée de
pourvoir aux chaires par le concours était primitive-
ment une mesure sage, les candidats devant donner
des preuves de leur capacité, elle ajoutait que cette
exigence était devenue inutile depuis la création des
offices d'agrégés, qu'il était superflu de contraindre
ces agrégés, élus au concours, à subir une nouvelle
épreuve identique pour devenir professeurs titulaires.
« La preuve, une fois faite, disait la Faculté, un
second concours n'ajoute rien à l'idonéité du sujet ;
les agrégés s'exercent tous les jours dans l'étude
du droit et sont plus en état d'enseigner que les
docteurs particuliers qui s'y présentent, et de fait,
dans tous les concours, les agrégés de la Faculté,

par leur talent, ont mérité la préférence sur tous leurs compétiteurs. » Elle voyait dans l'octroi des chaires réservé aux agrégés une récompense des services journaliers que ceux-ci rendent à la Faculté pour une rétribution médiocre, un attrait même pour les jeunes docteurs à se présenter aux concours d'agrégation : « Ceux qui se sentent quelque talent affronteront plus volontiers cette épreuve, sachant que les chaires leur seront plus tard données suivant la date de leur réception, perspective de nature à leur procurer des établissements avantageux. »

La Faculté faisait valoir, en outre, les difficultés éprouvées pour la constitution d'un jury de concours en cas de vacance d'une chaire : les agrégés étant presque fatalement candidats, le nombre des professeurs titulaires se trouvant réduit à deux, on devait adjoindre au jury des docteurs particuliers : « Or, ils ne peuvent avoir les mêmes lumières que les membres de la Faculté, puisqu'ils ne font pas, comme eux, une étude habituelle du droit; ils ne connaissent pas, comme eux, les vrais talents nécessaires pour l'enseignement. » La délibération citait même un cas où, lors d'une vacance de chaire, aucun professeur n'avait pu faire partie du jury de concours : « Il y a trois ans, le doyen était suspect, parce que son fils était un des compétiteurs; l'autre professeur était dangereusement malade; on fut obligé de recourir à trois juges étrangers; leur séjour à Nancy, pendant tout le temps de la dispute, et les honoraires qui leur ont été donnés ont coûté à la Faculté 50 louis. » On le voit, des raisons d'ordre financier s'ajoutaient à des considérations moins entachées de réalisme. Ce que nous pouvons remarquer, à propos de ces doléances exprimées en 1786, c'est que, moins d'un siècle plus tard, les motifs invoqués par la Faculté faisaient supprimer en France le concours pour les chaires dans les Facultés de Droit, lors du rétablissement dans la seconde moitié du dix-neuvième siècle des concours d'agrégation.

A propos de l'objet de l'enseignement dans la Faculté de Droit de Nancy en 1786, nous avons déjà signalé que le droit en vigueur à l'époque (droit coutumier, droit des ordonnances et édits) y était complètement passé sous silence. C'était là une grave lacune dont le résultat devait être funeste pour la formation du barreau et, d'une façon générale, de tous ceux que leurs fonctions devaient appeler dans la suite à solutionner des questions juridiques, notamment de ceux qui devaient coopérer à l'administration de la justice en Lorraine. Il n'en avait pas toujours été ainsi, car le duc Léopold, par un édit de décembre 1723, considérant comme chose nécessaire que la jeunesse fût instruite du droit municipal de ses États, des lois établies par des édits et ordonnances des ducs, des coutumes du pays, avait ordonné que cette branche du droit fût enseignée publiquement à raison de trois leçons d'une heure par semaine et que tous les étudiants en droit, qui voulaient se faire recevoir avocats dans le Duché, fussent tenus de suivre ce cours pendant une année et de rapporter une attestation du professeur qui était jointe aux lettres de licence. Le titulaire de cette chaire n'avait à justifier

d'autre grade que de celui de licencié en droit
civil et canonique, tandis que les autres professeurs
devaient être docteurs, mais il fallait que le candidat
à la chaire eût exercé au moins pendant dix ans à la
suite de la Cour souveraine ou d'un des bailliages
de Lorraine et Barrois. En fait, la fonction avait été
conférée au procureur du bailliage de Pont-à-Mousson.
Il recevait, paraît-il, de la ville un traitement de
800 livres; la déclaration ducale lui attribuait d'ailleurs un émolument éventuel de 7 francs barrois par
chacun des étudiants à chaque degré de baccalauréat
et de licence outre 15 sols pour chaque inscription
de tous ceux qui venaient étudier dans la Faculté,
ainsi qu'il en était pour les agrégés. Du reste, le
même édit qui ordonnait la création de cette chaire
avait, par compensation, déclaré éteint et supprimé
un des offices d'agrégé, lequel, en fait, se trouvait
alors vacant. Suppression qui ne fut que de courte
durée, car, deux ans après, le 30 avril 1725, le second
docteur agrégé était rétabli, en vue de faciliter le
service de la Faculté. La chaire ainsi créée fut assez
éphémère, non pas qu'elle ait jamais été officiellement supprimée, mais le titulaire étant venu à mourir
en 1742, il ne fut pas pourvu à son remplacement.
« Il y a apparence, dit la délibération de 1786, que
l'on a voulu décharger la ville (du service) de la pension; les étudiants ont aussi été dispensés (par cette
suppression) de payer les droits qu'il (le professeur)
tirait sur eux. » La Faculté, transférée dans notre
ville, n'en avait pas moins adressé plusieurs mémoires tendant à la nomination d'un professeur de

droit municipal et coutumier, affirmant que cet enseignement y serait beaucoup plus utile qu'il ne l'était à Pont-à-Mousson; pour l'instruction des jeunes avocats qui fréquentent le Parlement, « il conviendrait, disait-elle, que (cette mission) fût donnée à un ancien avocat, qui eût non seulement connaissance de nos coutumes, mais de la jurisprudence, qu'il donnât tous les jours des leçons et qu'il expliquât sur le texte; quand il n'interpréterait qu'un article par jour, dans dix-huit mois ou deux ans, il ferait voir à ses écoliers toute la coutume générale de Lorraine, en leur marquant encore les différences qui se trouvent entre cette coutume et les voisines, et ce en quoi il y a été dérogé par les ordonnances du souverain ». Il faut dire qu'à Pont-à-Mousson cet enseignement n'était qu'annuel, et qu'à raison de trois leçons par semaine, le professeur ne parvenait à expliquer que quelques titres de la coutume, ce qui laissait de sérieuses lacunes dans les connaissances des auditeurs. En 1786, les requêtes de la Faculté étaient restées sans réponse, peut-être parce qu'elle ajoutait à sa demande que « pour trouver un sujet capable, il faudrait de bons appointements ». Cette raison d'ordre financier contribua-t-elle à l'échec de la proposition ou cet échec fut-il dû à ce fait que MM. les avocats généraux du Parlement étaient obligés de tenir deux fois par semaine des conférences sur la coutume, auxquelles les avocats étaient dans le cas d'assister, ce qui suppléait dans une certaine mesure à la grave lacune laissée dans l'enseignement universitaire? Il est difficile de se prononcer à ce sujet. L'*Annuaire de la Meurthe* de 1865 nous apprend, en tout cas, qu'un peu plus tard, le droit français fut enseigné à l'Université de Nancy, car il cite dans la nomenclature des professeurs : 1º Timothée-Arnoul Henry, professeur de droit français en 1791 et de la Constitution en 1792 ; 2º Henry fils, professeur de droit français en 1793. Mais, en 1786, nous constatons que tout cet enseignement faisait défaut. M. de Barentin, dans sa réponse à la Faculté, insistait cependant sur l'importance de l'étude du droit français qui était enseigné dans les autres universités de France ; il eut, par malheur, la fâcheuse idée de lier cette question à celle de la prolongation de la durée de la scolarité et à l'exigence d'un acte public sur le droit coutumier ! Or, la prolongation de la scolarité était une innovation contre laquelle la Faculté lorraine allait lutter avec énergie, nous le verrons. Quant à ajouter aux épreuves un acte public supplémentaire sur le droit coutumier, elle considérait que c'était une surcharge qu'on ne pouvait imposer à tous les étudiants, à cause des frais qui en résulteraient pour eux ; elle faisait valoir qu'en dehors de quelques étudiants particulièrement studieux, de fils de magistrats avides de percer et ne négligeant aucun effort pour se distinguer, la masse des écoliers n'aurait pas de notions assez exactes des lois municipales pour soutenir une thèse « en présence des premiers magistrats de la province et de l'ordre distingué des avocats » ; elle redoutait qu'il ne fût posé au soutenant des questions épineuses qui lui donnassent un rôle désagréable, fait qui serait

de nature à rebuter les autres étudiants et à les faire
émigrer dans des universités où ils n'auraient pas à
subir cet acte. « Inutilement dirait-on qu'il en sera
de même dans toutes les autres facultés; on ne se
persuadera jamais qu'à Strasbourg ou à Reims, on
obligera un Lorrain à soutenir thèse sur le droit
français qui n'est pas en vigueur dans sa province;
cette connaissance ne le rendrait pas plus savant
sur les coutumes de son pays où il exercera ses talents. » Nos ancêtres universitaires ne semblaient
pas faire grand cas des études de législation comparée;
leur horizon sur ce point était singulièrement limité,
et toute leur ambition paraissait se borner à former
des praticiens experts dans l'exégèse des textes de la
coutume et des édits qui régissaient la province, sans
songer à élever les étudiants juristes vers de plus
hauts sommets. On peut se demander si la préoccu-
pation d'attirer ou de maintenir les étudiants dans
leur université ne primait pas dans leur esprit les
considérations d'ordre scientifique. Nous allons encore
le constater à propos de la question de la durée des
études juridiques, question soumise en 1786 aux délibérations de la Faculté.

A l'Université de Pont-à-Mousson, nul ne pouvait
obtenir les licences de droit qu'il n'ait étudié pendant deux années consécutives et n'ait obtenu le
degré de bachelier après une année d'études : tel était
le texte de l'article 11 de l'ordonnance de 1699. Le
doctorat ne pouvait être conféré qu'après trois années
d'études (art. 29 de la même ordonnance). Sans nous
arrêter à la collation de ce grade supérieur, qui

n'était recherché que par une élite, ne nous occupons que de la licence. Le cours normal des études exigées pour ce grade était donc de deux ans. Encore avait-il été abrégé pour ceux qu'on appelait les bénéficiaires d'âge : déjà, par l'article 13 de la déclaration de 1685, en vue de ne pas éloigner des grades ceux qui avaient vingt-sept ans, Louis XIV avait décrété que dans les universités françaises ces jeunes gens pourraient être reçus bacheliers après trois mois d'études et licenciés après six mois ; mais Léopold étendit dans son État ces avantages aux étudiants qui avaient atteint l'âge de vingt-cinq ans (art. 31 de l'ordonnance de 1699). L'obtention de chaque degré (baccalauréat et licence) supposait un examen et un acte public ou thèse. Toute la Faculté coopérait à l'examen (art. 22 ord. préc.) qui durait une heure pour chaque candidat ; l'épreuve de la thèse pour les deux degrés était publique et se prolongeait pendant deux heures (art. 24 *ibid.*) sous la présidence d'un professeur titulaire, assisté de ses collègues et des agrégés ; ils argumentaient contre le candidat et les personnes étrangères étaient elles-mêmes admises à lui proposer des objections. La Faculté statuait au scrutin secret, le partage comportant ajournement.

Ce régime de scolarité réduite à deux années pour le baccalauréat et la licence en droit était particulier à l'Université de Pont-à-Mousson ; dans les autres Universités de France, il était en général de trois ans. Aussi le Doyen d'honneur de la Faculté de Paris avait-il suggéré à la Faculté de Droit de Nancy l'idée de fixer à trois années le cours académique, ainsi qu'il l'appelait, ce qui permettrait d'établir dans cette Université l'enseignement du droit français, à l'instar de ce qui se passait dans les autres Facultés de droit françaises. Cette proposition n'eut pas l'heur de plaire à nos prédécesseurs, et on voit surgir fort exactement dans leur réponse la crainte qu'une semblable exigence n'éloignât les étudiants de Nancy : ils paraissaient même redouter qu'elle n'aboutît à faire déserter complètement la Faculté. Au surplus, laissons la parole à cette dernière; elle ne dissimule pas ses sentiments et son aveu ne manque pas de candeur : « Depuis la translation de l'Université, dit-elle, il ne lui vient plus d'étudiants des Évêchés; une partie même des Lorrains prennent leurs degrés ailleurs, et si elle en conserve quelques-uns, ce n'est que par la facilité qu'ils ont de faire leur droit dans deux années. Si le changement projeté avait lieu, il ne lui resterait que les enfants de Nancy : il serait fâcheux pour elle de voir diminuer si considérablement le nombre de ses écoliers... Les Lorrains vont dans les autres universités, les Français ne viennent pas dans celle de Nancy... Si les écoliers sont tenus de résider trois ans dans celle de Nancy, il n'y a pas de doute qu'ils iront à Strasbourg (où la licence était, paraît-il, donnée après dix-huit mois d'études), même les enfants de Nancy, pour être placés plus tôt. » Il convenait néanmoins de donner des motifs un peu moins intéressés. La Faculté plaide encore la cause des familles dont les sacrifices seraient excessifs s'il leur fallait pourvoir une année de plus aux frais élevés du séjour de leurs enfants dans une grande cité; la cause de la ville de Nancy qui pâtirait de la diminution du nombre des étudiants en droit, lesquels, disait-elle, « y font circuler tous les ans plus de cent mille livres, qu'ils porteront ailleurs »; la cause des magistrats de la cour souveraine dont les fils, aspirants à la magistrature, manqueront une place faute d'avoir été gradués un an plus tôt et attendront peut-être dix ans une nouvelle vacance, courant le risque de rencontrer des compétiteurs plus puissants. Elle ne pouvait passer sous silence l'intérêt des études; aussi s'efforce-t-elle d'établir qu'elle peut, sans crainte d'être taxée d'infériorité, soutenir la comparaison avec les autres facultés de droit françaises. Les étudiants sont astreints à la résidence (Règlement du 1.er janvier 1684). Il est de fait que Léopold, par une lettre de cachet du 18 septembre 1725, avait défendu d'admettre des dispenses de résidence qui ne fussent pas signées de sa main, contresignées par un des secrétaires d'État et munies du grand sceau (Abbé MARTIN, *L'Université de Pont-à-Mousson*). L'assiduité aux leçons est plus réelle que partout ailleurs, disait la Faculté, à cause du contrôle exercé par des appels hebdomadaires faits à des jours variables, de la sanction rigoureuse, consistant dans l'ajournement possible de l'examen au cas d'absences notables. La durée des leçons, qui est dans les autres universités d'une heure, est d'une heure et demie à Nancy, ce qui permet de donner un enseignement très complet. Enfin, on n'est admis à la Faculté de Droit que si l'on a fait préalablement une année de philosophie, tandis que dans d'autres

universités on s'inscrit cumulativement et simultanément à la Faculté de Philosophie et à la Faculté de
Droit. Et pour appuyer davantage son dire sur la
valeur de l'enseignement juridique dans notre Université, la Faculté n'hésite point à invoquer le témoignage de M. de La Galaizière, chancelier de Lorraine sous le règne de Stanislas. Lui aussi avait
manifesté l'idée d'une prolongation de scolarité,
mais quand il se fut rendu compte de la manière
dont les études se faisaient à Pont-à-Mousson, il
renonça à ce projet ; il y a plus, ayant à faire graduer
son neveu M. de La Millière, devenu plus tard intendant des Ponts et Chaussées, il l'adressa à la Faculté
lorraine plutôt que de l'envoyer dans une autre université.

A cette abondante plaidoirie, il ne devait même
pas manquer un argument d'ordre diplomatique. La
durée biennale des études juridiques était de tradition constante à l'Université de Pont-à-Mousson ;
elle avait été conservée par le duc Léopold dans l'espoir de maintenir ses sujets dans ses États, bien
qu'il n'ignorât pas la durée plus longue des études
juridiques en France. Or, le traité de Vienne du
28 août 1736, qui consacrait la réunion du Duché
à la couronne de France, déclarait expressément
(art. 14) que seraient maintenus « tous les privilèges
et immunités de l'Université de Pont-à-Mousson ».
Et cette promesse avait été confirmée par le roi de
Pologne dans l'édit de Menton du 18 janvier 1737.
On ne pouvait donc retirer à cette Université le privilège dont elle jouissait pour la durée des études.

On voit que la Faculté n'admettait certes pas qu'on pût, comme de nos jours, considérer un traité comme *un chiffon de papier :* peut-être s'abusait-elle ou voulait-elle abuser son correspondant sur la portée de l'acte diplomatique dont s'agit. Quoi qu'il en soit, M. de Barentin crut devoir répondre que les motifs invoqués étaient très puissants et feraient beaucoup d'impression sur la commission qu'il présidait. La Révolution ne tarda pas du reste à clore le débat.

Il peut être intéressant enfin de jeter un coup d'œil rapide sur l'organisation de l'enseignement, les procédés pédagogiques en usage dans notre ancienne Faculté. Nous savons qu'en 1786 on n'y enseignait que le droit canon et le droit romain. Constatons maintenant que la spécialisation des professeurs y était inconnue; ceux-ci alternaient entre eux, voués à l'enseignement tantôt du droit canon, tantôt des Institutes du Code et du Digeste; chacun professant la même matière pendant deux années consécutives se trouvait avoir parcouru tout le cycle au bout de six ans. Le principe de la spécialisation n'avait jadis reçu d'application dans l'Université de Pont-à-Mousson que pour le droit public et le droit coutumier.

Si l'enseignement du droit était oral, il n'affectait pas, comme aujourd'hui, la forme oratoire. Le professeur devait employer la première heure à dicter et expliquer des cahiers et la demi-heure suivante à exercer les écoliers par « disputes et répétitions » (art. 16 de l'ordonnance de 1699). Les étudiants étaient obligés de représenter les cahiers écrits de leur main lors des examens, pour justifier qu'ils

étaient bien tenus et sans lacunes, sous peine de refus
des degrés (art. 22 et 23 de l'ordonnance). Pour éviter
toute supercherie, il était enjoint aux professeurs de
comparer l'écriture des cahiers avec celle des inscriptions et de percer les cahiers présentés par les candidats d'un poinçon, pour qu'ils ne pussent servir à
d'autres (art. 24 du Code). Ce n'est pas le cas de dire :
De minimis non curat prætor.

C'est au sujet de ces cahiers que nous relevons
encore dans les délibérations de 1786 une discussion
qui, pour n'avoir pas un objet bien grave, n'en donna
pas moins lieu à un tournoi dont il est intéressant de
noter quelques particularités. On demandait à la
Faculté si elle ne jugerait pas utile que les cahiers
fussent imprimés pour éviter la perte de temps résul-
tant de la dictée. Celle-ci, toujours fidèle à ses tra-
ditions, développe longuement les motifs, de valeur
très diverse, qui ne lui permettent pas de donner
suite à la proposition. Parmi les motifs allégués, il
en est qui ne manquent pas d'un certain parfum de
naïveté, comme celui qu'elle tirait de l'impossibilité
où seraient les professeurs de modifier les cahiers
imprimés pour les rendre plus parfaits et pour tenir
compte des changements de législation (en fait de
droit civil, on n'enseignait que le droit romain), et
cet autre qui manifestait une certaine défiance à
l'égard du corps enseignant; la crainte qu'un professeur débutant, au lieu de se livrer à un travail
personnel pour créer son enseignement, ne se bornât
à expliquer les cahiers de ses prédécesseurs, sans
chercher à les rendre plus intelligibles; cet autre

motif enfin, tout pratique, qu'on trouverait difficilement un imprimeur pour courir les risques de l'entreprise, les étudiants étant susceptibles de donner la préférence aux cahiers d'un maître plutôt qu'à ceux d'un autre, au grand détriment de l'éditeur de ces derniers. Il n'y a pas lieu d'insister sur cette vétille. On a encore vu de nos jours des professeurs qui ne voulaient pas publier leurs cours pour avoir un auditoire plus fidèle; cette crainte ne pouvait hanter les maîtres de 1786, si la discipline était aussi sévère qu'ils l'ont affirmé.

L'impression générale que nous laisse le mémoire dont nous avons extrait la substance, c'est que la Faculté de Droit de Nancy, avant la Révolution, était loin d'être animée de sentiments novateurs; elle préférait suivre paisiblement les errements du passé, s'en tenant fermement aux constitutions qu'elle avait reçues de ses Ducs. Cependant, la tourmente approchait et allait tout emporter; l'Université lorraine était à la veille de sa disparition, subissant le sort commun des Universités de France. La Faculté de Droit ne devait renaître à Nancy qu'en 1864. Si notre ville et toute la province durent attendre aussi longtemps un rétablissement désiré avec tant d'ardeur, il ne faut pas en imputer la faute aux Lorrains ni à leurs représentants. Depuis le début du dix-neuvième siècle rien ne fut négligé pour ajouter ce nouveau fleuron à la couronne de Nancy : délibérations des départements, des villes, des corps savants, pétitions adressées aux pouvoirs publics, rien ne manque, et il n'est que trop juste d'assigner

dans ces revendications une place d'honneur au baron
Guerrier de Dumast qui sut infuser aux Nancéiens
la foi dans les hautes destinées auxquelles pouvait
prétendre la capitale de la Lorraine; il se fit person-
nellement le porte-parole convaincu de leurs préten-
tions justifiées dans une plaidoirie ardente auprès
du chef de l'État. Enfin le succès récompensa les
efforts de tous : la Faculté de Droit était restaurée
il y a cinquante-deux ans, avec plus d'ampleur sans
doute que son aînée, tant au point de vue du personnel enseignant que de la variété des enseigne-
ments. Elle n'en était pas moins modelée sur le type
uniforme qu'il avait plu au premier Empereur de
donner à toutes les branches de l'Université de
France. Il y avait une Faculté de plus à Nancy; il
n'y avait pas d'Université. Ce fut seulement en 1896
que notre ville eut la satisfaction de voir se recons-
tituer les universités régionales, dont elle eut sa part
et non la moindre. L'Université de Nancy, bénéfi-
ciant de la personnalité civile, put attirer de géné-
reuses libéralités, qui lui permirent de se développer
rapidement et brillamment. Si nos ancêtres de l'ancienne Université de Pont-à-Mousson et Nancy reve-
naient parmi nous, je ne doute pas de leur étonne-
ment, peut-être de leur admiration. Et cependant,
qui sait? il s'y mêlerait probablement une note de
regret, car ils constateraient que les privilèges de l'an-
tique Université de Pont-à-Mousson ne sont plus
qu'à l'état de souvenir, que l'autonomie de l'Université nouvelle n'est pas telle qu'elle ne subisse parfois, du fait du contrôle du pouvoir central, d'assez

notables atteintes; ils verraient peut-être avec quelque déplaisir le triomphe de cette réglementation générale dont ils ne semblaient pas enthousiastes en 1786, mais ce serait une joie pour eux de penser que l'Université de Nancy n'oublie pas l'ancienne Lorraine dont elle étudie l'histoire et les institutions, qu'elle révèle à un auditoire curieux de mieux connaître ce que fut jadis sa province.

NANCY, IMPRIMERIE BERGER-LEVRAULT — AOUT 1916